SANTO TOMÁS DE AQUINO

La unión de la razón y la fe

Por Mélanie Mettra
En colaboración con Damien Glad
Traducido por Laura Soler Pinson

Historia en 50MINUTOS.es

SANTO TOMÁS DE AQUINO

- **¿Nacimiento?** En 1225, en el castillo de Roccasecca, Aquino (Lacio).
- **¿Muerte?** En marzo de 1274, en la abadía de Fossanova, Priverno (Lacio).
- **¿Principales aportaciones?** Conciliación del dogma católico y de la filosofía aristotélica dentro de la doctrina tomista, convertida en doctrina oficial de la Iglesia católica.

Las representaciones contemporáneas de la Edad Media suelen ser las de una época sombría, marcada por el obscurantismo, opuesta al Renacimiento, coronado por el halo de luz del humanismo y de los avances científicos. Pero esta creencia olvida la formidable viveza del pensamiento que caracteriza a la época medieval.

Durante la Edad Media, los pensadores de las tres grandes religiones monoteístas se centran ante todo en el conocimiento de Dios. La época medieval permite que los eruditos del mundo islámico y, más tarde, los de Occidente a partir del siglo IX, redescubran los textos filosóficos antiguos. Estos últimos llevan a cabo diatribas intelectuales en las universidades recién creadas del siglo XII que marcarán durante muchos siglos el pensamiento filosófico y teológico. Entre ellos se encuentra Tomás de Aquino. Este hombre, con una constitución extraordinaria, doctor en teología, profesor en la Universidad de París y, más tarde, en Roma y en Nápoles, es el autor de una obra colosal en la que combina filosofía y teología. Comentador infatigable de la Biblia y de los escritos de Aristóteles, impregnado por el amor de la contemplación y de la oración, demostrará a lo largo de sus tesis que la razón y la fe, lejos de ser rivales, son dos medios para acceder al conocimiento de Dios. Todavía hoy en día, el pensamiento de santo Tomás de Aquino, que es también autor de escritos políticos que llevan el germen de un pensamiento democrático, incluso laico, y que promueve una moral de la felicidad, participa en la vida intelectual de la Iglesia católica.

BIOGRAFÍA

Retrato de santo Tomás de Aquino.

EL DESCUBRIMIENTO DE LOS HERMANOS PREDICADORES

Tomás de Aquino nace en 1225 en el castillo de Roccasecca, cerca del pueblo de Aquino, del que toma el nombre. Proviene de una familia noble y es sobrino nieto por vía paterna del emperador Federico I Barbarroja (emperador del Sacro Imperio Romano Germánico, 1122-1190). Su familia lo destina a una trayectoria eclesiástica, por lo que es enviado al monasterio de Montecasino, cuna de la orden de los benedictinos, para recibir una formación inicial en latín. En este marco monástico descubre la oración y la contemplación, que cultivará durante toda su vida y que marcarán su obra. En 1240, se va a Nápoles para ahondar en sus conocimientos: allí estudia gramática, ciencias, teología y, sobre todo, filosofía. En esta ciudad también frecuenta la joven Orden de los Dominicos, donde se convierte en novicio cuando muere su padre, en 1243. Pero su madre, Teodora de Teano, no acepta sus votos. Manda que lo vayan a buscar a Nápoles y, después, a Roma para traerlo de vuelta al castillo de la familia y verlo emprender la carrera que le estaba destinada. Tomás consigue escapar en estas dos ciudades, pero en 1244, cuando sigue a Jordán de Sajonia (1190-1237), sucesor de Dominico (fundador de la Orden de los Hermanos Predicadores, 1170-1221) a la cabeza de la orden, en dirección a Bolonia, Teodora logra raptarlo con la ayuda de Federico II (emperador del Sacro Imperio Romano Germánico, 1194-1254). Permanece encerrado durante casi un año en Roccasecca, pero no por ello renuncia a su compromiso.

UNA VIDA DEDICADA A LA ENSEÑANZA

En 1245, una vez liberado, se dirige hacia París y más tarde, en 1248, hacia Colonia, para continuar sus estudios. Recibe las enseñanzas de Alberto Magno (teólogo y filósofo suabo, c. 1200-1280), uno de los primeros teólogos que basa su reflexión en la obra redescubierta de Aristóteles (filósofo griego, 384-322 a. C.). Tras su formación, Tomás se convierte a su vez en profesor. Primero ejerce en París, donde en 1256 ocupa una de las dos cátedras de teología como maestro. En 1257, obtiene el doctorado en teología y dirige una de las dos escuelas del colegio de Santiago. El papa Alejandro IV (1199-1261) lo llama a Italia y, en Roma, en 1259, toma las riendas del centro de estudios pontificales. El prestigio y la influencia del que había sido apodado por sus condiscípulos como «buey mudo de Sicilia» por su envergadura y por su silencio le otorgan la confianza del sucesor de Alejandro IV. En efecto, Urbano IV (papa, 1200-1264) le pide que redacte un texto que ponga en entredicho la filosofía aristotélica tal y como la enseñan los intérpretes averroístas de la Sorbona.

ALBERTO MAGNO

Aunque Alberto Magno ya solo es conocido en los ambientes filosófico e histórico, lo cierto es que miles de parisinos y personas que están de paso por París utilizan su nombre a diario. En efecto, es probable que a partir de una deformación de su nombre se formara el topónimo «Maubert», atribuido a una plaza cercana a la Universidad de la Sorbona, en el barrio de la Montaña

Retrato de Alberto Magno.

En 1269, vuelve a la universidad parisina, en la que se siguen generando polémicas acerca de la lectura de las obras de los filósofos griegos, antes de dirigir una nueva escuela dominica en Nápoles. En diciembre de 1273, informa de una visión en la que ha visto que su muerte está próxima y decide poner fin a todos sus trabajos. El papa Gregorio X (1210-1276) lo convoca al Concilio de Lyon, que debe pronunciarse sobre las cruzadas en Tierra Santa y la unión de las Iglesias de Oriente y de Occidente. Se pone en camino en el mes de enero de 1274, pero no llegará nunca a su destino. Cae enfermo y muere en la abadía cisterciense de Fossanova. Actualmente, su cuerpo está inhumado en la iglesia del antiguo convento dominico de Toulouse.

Sus tesis, presentadas en dos obras magistrales, *Summa contra gentiles* y *Summa teológica*, en numerosos comentarios (de la Biblia, de Aristóteles) y en recopilaciones de preguntas debatidas durante sus enseñanzas, son el centro de numerosas y acaloradas discusiones tras su muerte. Pero, finalmente, Tomás de Aquino es canonizado por el papa Juan XXII (1245-1334) el 18 de julio de 1323 y es nombrado doctor de la Iglesia en 1567.

CONTEXTO

LA CONSTITUCIÓN DE LA ORDEN DE LOS HERMANOS PREDICADORES

A principios del siglo XIII, nacen las órdenes mendicantes, denominadas así por sus votos de pobreza y de mendicidad. Hacen referencia por una parte a la orden que las origina, la Orden de los Frailes Menores, u Orden Franciscana, que toma su nombre de su fundador Francisco de Asís (1182-1226), y por otra parte, la Orden de los Predicadores, u Orden Dominica, fundada por el castellano Domingo de Guzmán. Nacido en 1170 cerca de Burgos, este último lleva a cabo estudios de teología y es ordenado cura en Osma (Castilla) a finales de 1190. Destaca por su talento como predicador, así que acompaña en dos ocasiones al obispo de Osma, Diego de Acevedo, en sus viajes a Dinamarca para concluir el matrimonio entre el heredero al trono de Castilla y una princesa danesa. Para ello, atraviesan el suroeste de Francia, donde el catarismo está en pleno auge. El ideal de evangelización y de predicación de Domingo se encuentra realizado.

A partir de 1206, fecha en la que funda en Prouilhe (Francia) un monasterio femenino y reúne a sus primeros discípulos, Domingo de Guzmán recorre las regiones de Lauragais, Carcasona, Toulouse y Montpellier para volver a poner en el camino de la Iglesia católica a las ovejas descarriadas en la herejía cátara. Apoyado por el papa Inocencio III (1160-1216), que ve en su austeridad un medio para responder a los reproches de los movimientos herejes, y deseoso de establecer una red de predicadores estable, Domingo funda en 1216 la orden de los Frailes Predicadores. Rápidamente tras la redacción de una regla, inspirada en la de san Agustín (doctor de la Iglesia latina, 354-430), los frailes se dispersan, tal y como establece su misión de predicación itinerante, basada en el modelo de los apóstoles. El propio Domingo vuelve a emprender la ruta, que le llevará hasta España, Francia e Italia. Muere en Bolonia en 1221.

La vocación de la Orden de los Dominicos es la predicación de la ley y de la moral católicas. Se basa en un sólido conocimiento de la teología, del derecho canónico y de las doctrinas filosóficas. Además, los conventos dominicos son ante todo lugares de transmisión de conocimientos. Hasta ellos acuden los predicadores para formarse antes de iniciar su misión, y vuelven con frecuencia para encontrar nuevas respuestas. La orden cuenta con una gran cantidad de doctores, y a pesar de una vida de pobreza y de mendicidad, los dominicos son auténticos pensadores dotados de una sólida cultura teológica, filosófica y científica.

Emblema de la Orden de los Dominicos.

EL NACIMIENTO DE LAS UNIVERSIDADES

A lo largo de toda la Edad Media, la Iglesia se encarga de la enseñanza en las escuelas y en los colegios parroquiales y episcopales o en las abadías. En 1179, el papa Alejandro III (1105-1180) decreta el carácter gratuito y la libertad de enseñanza. Algunos maestros, que debían enfrentarse a la dispersión de los lugares de estudio, aprovechan esta licencia que el poder pontificio otorga para reunir a estudiantes y profesores en centros autónomos especialmente dedicados a la transmisión de conocimientos. Estos siguen estando vinculados a la Iglesia, pero gozan de un estatus particular. Así nacen las primeras universidades en el siglo XII: Bolonia, especializada en la enseñanza del derecho, y Salerno, que es testigo de la creación de la primera corporación médica. En Francia, el rey Felipe Augusto (1165-1223) concede a los maestros parisinos libertades y privilegios particulares, con lo que favorece la aparición de la Universidad de París en 1200. Las escuelas, que hasta ese momento se llamaban *studium generale*, se convierten en *universitas magistrorum et scholarium parisiensium*, es decir, «conjunto de maestros y estudiantes de París», locución que se encuentra en la raíz del término «universidad».

La Sorbona en 1550.

Los estatus privilegiados de las universidades se basan en un fundamento esencial: la independencia. Independencia con respecto a la autoridad eclesiástica en primer lugar: ya no dependen de curas, abades u obispos, sino del papa. Independencia con respecto al poder real: los oficiales reales no tienen ningún control sobre los asuntos temporales de las universidades, que disponen de sus propias fuerzas del orden y de sus propios tribunales. Para acabar, independencia de enseñanza: la investigación, las conversaciones, los temas debatidos son libres, a pesar de la oposición que manifiesta a intervalos regulares el poder pontificio. En el siglo XIII, la mayoría de las universidades se crean a iniciativa del papa —la de Nápoles en 1224, la de Toulouse en 1229, la de Roma en 1244—.

Se agrupan principalmente cuatro áreas de enseñanza en las facultades: el derecho canónico, la teología, la medicina y las artes (que corresponden a las artes liberales: matemáticas, filosofía, gramática, retórica, etc.). Estas universidades forman a todo tipo de gente, pero sobre todo a religiosos. Dentro de este grupo, están representadas sobre todo las órdenes mendicantes, que han surgido casi en la misma época que las universidades, ya que la elaboración de una doctrina católica y su difusión a través de la enseñanza es una de las bases de su misión apostólica.

DE PLATÓN A ARISTÓTELES

Hasta el siglo XII, la filosofía religiosa está marcada por la herencia agustina. Agustín, hijo de unos modestos terratenientes, realiza estudios en Cartago, donde destaca en el ámbito de la retórica, y más tarde en Roma. Su madre lo cría en el cristianismo, que más adelante redescubre tras haberse desviado por preferir el maniqueísmo durante su estancia como profesor en Milán. Se bautiza y, cuando vuelve a Cartago, se convierte en obispo de la ciudad de Hipona (en la actual Argelia). Durante los treinta y cinco años que dura su episcopado, elabora un pensamiento doctrinal que une cristianismo y neoplatonismo, filosofía de la multiplicidad (el hombre en su diversidad y su libre arbitrio) y de la unidad (la fe y la gracia divina), pero también filosofía del saber, de la verdad inteligible: los «fenómenos» de Platón (c. 427-348/347 a. C.) se desvelan al hombre a través de la razón, del saber. Pero para Agustín, el cristiano, las «verdades eternas» (o conceptos) solo son accesibles gracias a la luz de la fe. Hay que entender el mundo a través de la razón para acceder a la fe, pero también a través de nuestros sentidos, nuestra intuición, y la fe debe guiarnos para que la comprensión del mundo sea accesible. En el pensamiento agustino, la fe supera a la razón. El libre arbitrio con el que cuenta el hombre en su elección entre el bien y el mal solo puede ejercerse correctamente con ayuda de Dios. Todo lo que se percibe de la naturaleza es a menudo engañoso, y Agustín es extremadamente desconfiado con respecto a todo lo que tiene que ver con el mundo material y corpóreo —marcado en este sentido por su juventud promiscua y por tendencias que desaprueba—. Su obra monumental sienta las bases de la doctrina de la Iglesia católica, en la que todavía hoy se siente su influencia.

Retrato de san Agustín por Philippe de Champaigne.

Pero a partir de los siglos IX y X, la filosofía y, por extensión, la teología occidental se ven trastornadas por los brillantes trabajos de los eruditos árabes. En efecto, la revolución científica que vive el mundo islámico se acompaña de un amplio movimiento de traducción de los autores griegos, cuyos trabajos unen ciencia y filosofía. En el siglo IX, Bagdad se convierte en el centro de este movimiento y permite el redescubrimiento de los escritos de Ptolomeo (sabio griego, c. 100-c. 170), de Galeno (médico griego, c. 131-c. 201) y de Aristóteles. En el siglo XII, las traducciones árabes, y en especial sus comentarios, sobre todo los de Avicena (filósofo y médico iraní, 980-1037), los de Averroes (filósofo islámico, 1126-1198) y los de Maimónides (filósofo, teólogo y médico judío, 1138-1204), traducidos a su vez al latín, se difunden por Occidente. Los textos de Aristóteles, en particular la *Física* y la *Metafísica*, suscitan rápidamente un entusiasmo sin precedentes, a pesar de las reticencias pontificias que llevan primero a prohibir su difusión. Tomando como base la filosofía aristotélica y sus interpretaciones, los pensadores del siglo XIII, entre los que se encuentra Tomás de Aquino, llevarán a cabo debates apasionados.

MOMENTOS CLAVE

LA LENTA INTRODUCCIÓN DE ARISTÓTELES Y LA DISPUTA DEL AVERROÍSMO LATINO

Mientras que en el mundo islámico se redescubren a partir del siglo XI algunas obras de Aristóteles que no se habían publicado aún, habrá que esperar hasta el siglo XIII para que los papas autoricen su lectura y estudio en las universidades de Occidente. No es hasta 1231 que el papa Gregorio IX (c. 1170-1241) acepta incluir de manera oficial en el programa de estudios universitarios la *Física* y la *Metafísica*, así como la traducción al latín de los trabajos de los filósofos árabes, persas, judíos y griegos, aunque, en realidad, los profesores habían hecho caso omiso de la prohibición. Hacia 1250, se conocen todas las obras aristotélicas y se incluyen en los exámenes de la Facultad de Artes de París, por lo que a partir de ese momento se elabora una gran cantidad de interpretaciones.

En 1265, uno de los maestros de la Facultad de Artes, Sigerio de Brabante (1235-1281/1284) elabora un pensamiento particular que, dice, se inspira en las críticas de Averroes a las obras del filósofo griego. Por esta razón, a este pensamiento se le llama «averroísmo latino», aunque no refleja completamente la filosofía averroísta. Una de las tesis defendidas por Sigerio de Brabante y sus discípulos es la doble verdad: la revelación y la filosofía son independientes entre sí. La filosofía no permite acceder a la revelación y esta no es necesaria para conocer la verdad a través de la filosofía. Esta idea se basa en la creencia de que Dios no se encuentra en el origen directo de cada acontecimiento particular. Otra teoría del averroísmo latino es la de un intelecto agente, que podría ser el propio Dios, externo al alma humana. Así, existiría un alma común a todos los hombres, sin distinción individual, y un intelecto externo que permitiría comprender el mundo y juzgarlo. Para acabar, tanto Sigerio como Aristóteles consideran que el mundo es eterno, no tiene ni principio, ni fin.

Estas tres propuestas son solo algunas de las tesis desarrolladas por el averroísmo latino. Provocan un escándalo dentro de la Iglesia, ya que ponen en entredicho numerosos puntos de su doctrina. En efecto, la Biblia asegura que el mundo tiene un principio, como también corrobora el libre arbitrio y, por lo tanto, la individualidad del alma humana. Para acabar, rechaza la idea de que la filosofía pueda alcanzar por sí sola la verdad, puesto que si llega a demostrar la ausencia de Dios a través de la manipulación de conceptos, entonces solo puede ser falaz. Así, en 1268, Gilles de Lessines (fallecido en 1304) pide a Alberto Magno autorización para redactar una obra destinada a refutar las tesis de los averroístas latinos, cuya enseñanza prohíbe en 1270 el obispo de París.

En la misma época, conviven otro filósofo occidental, Boecio de Dacia (fallecido hacia 1284), que se inspira de los textos de Aristóteles y de los comentarios de Averroes, e intenta encontrar un punto de encuentro entre la afirmación aristotélica de la eternidad del mundo y la bíblica, de un principio, negando el libre arbitrio del hombre, y Alberto Magno, el primer teólogo realmente aristotélico. Este último inicia la reconciliación entre el pensamiento del filósofo griego y la teología católica. Al igual que Aristóteles, afirma que la filosofía debe dedicarse a estudiar los fenómenos naturales y sus causas naturales propias, en un proceso parecido a lo que serán después las ciencias experimentales, sin suponer que haya intenciones o voluntad divina en la realización de estos fenómenos, sino viendo en ellos su manifestación.

Tomás de Aquino, que recibe las enseñanzas de Alberto Magno, y que vuelve a París en 1269 como profesor, continuará esta obra de conciliación de la filosofía y de la teología.

EL PRÍNCIPE DE LA ESCOLÁSTICA

A menudo se llama a Tomás de Aquino el «príncipe de la escolástica». Esta filosofía propone una manera de pensar que intenta conciliar la fe (que supone la revelación) y la razón (que supone el ejercicio del intelecto), y da lugar a un método de estudio de los textos bíblicos. Este procedimiento empieza con la lectura y la división en pequeños fragmentos de un texto particular, para extraer de ellos cada tema concreto gracias a una comprensión sutil de cada palabra, de cada giro. Por lo tanto, esto requiere el uso de la gramática y de la estilística, para comprender a la perfección el sentido literal del texto. Una vez hechas las subdivisiones, se somete cada parte a las *questii* («preguntas»). En este punto interviene la filosofía: se trata de analizar el sentido profundo y el alcance teológico del texto. Para acabar, todas estas preguntas pueden agruparse en *summas*, en las que se confrontarán a los comentarios de otros teólogos.

Este método se pone en entredicho a partir del siglo XIV, sobre todo con el surgimiento del humanismo, que le reprocha que estudie textos de segunda o tercera mano, y no los originales, así como su rigor especulativo y demasiado poco experimental. No obstante, sigue siendo el método exegético favorito del catolicismo.

UNA OBRA MAGISTRAL

Tomás de Aquino es el autor de una obra de la que resulta difícil calcular el número de volúmenes. Es un trabajador tenaz —sin duda, una de las causas de su muerte prematura es el agotamiento intelectual— y redacta textos bajo encargo y algunas obras litúrgicas, pero sobre todo redacta trabajos que guardan una relación con su enseñanza: recopilaciones de temas debatidos en la Universidad de París, comentarios de la Biblia y de las trece obras conocidas de Aristóteles y, sobre todo, tres obras que permitirán la transmisión de la filosofía tomista.

La primera es una recopilación de comentarios sobre *Sentencias*, de Pedro Lombardo (teólogo lombardo, c. 1100-1160). Esta obra, redactada en pleno siglo XII, agrupa textos bíblicos acompañados de diferentes comentarios realizados por los padres de la Iglesia que ponen de manifiesto tanto sus puntos en común como sus contradicciones. Esto permite el ejercicio escolástico, característico de la enseñanza universitaria. En el siglo XIII, se convierte en el libro de referencia para todos los profesores y estudiantes de las facultades de artes, y Tomás de Aquino se basa en gran medida en este texto para desarrollar sus propios métodos de enseñanza.

Los padres de la Iglesia son los pensadores y autores cristianos que, en los primeros días de la Iglesia (del siglo I al siglo VIII), contribuyen con su vida y con su obra a elaborar la doctrina cristiana. Son unos setenta, que no fueron elegidos por la autoridad pontifical, al contrario que los doctores de la Iglesia. Entre los más famosos, encontramos a Tertuliano (155-222), Orígenes (185-252/254), san Basilio Magno (330-379), san Gregorio de Nisa (335-394), san Ambrosio (340-397), san Agustín o san Dionisio (siglo VI). Muchos de ellos son también doctores de la Iglesia. Estos han sido canonizados y, por ello, han sido reconocidos por la Iglesia. Sus nombres se encuentran en una lista oficial elaborada a partir de 1295 (fecha de creación del título de doctor en teología) que es retroactiva, homenajeando su contribución a la teología. Dicha lista se va completando con el paso del tiempo con la canonización de nuevos pensadores contemporáneos o con la de padres con aportaciones distinguidas.

A continuación, entre 1258 y 1265, redacta la *Summa contra gentiles* (es decir, los paganos). Fiel a la misión de predicación de los miembros de su orden, Tomás de Aquino ofrece con este texto las herramientas para convencer y convertir los paganos (en particular, a los musulmanes) a la fe cristiana.

Para acabar, a partir de 1266, dicta su *Summa teológica*, cuya redacción se ve interrumpida por su muerte, por lo que la obra queda inacabada. Se divide en tres partes. La primera habla de Dios y de su conocimiento, la segunda propone el camino para una vida moral y la tercera estudia la vida de Cristo y el aprendizaje que podemos obtener de ello.

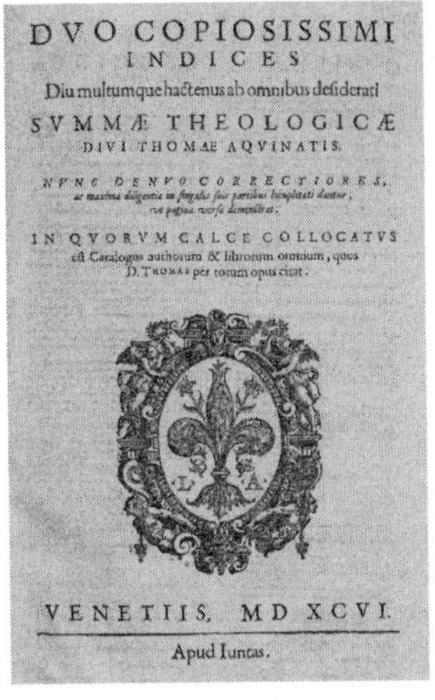

Summa teológica de Aquino.

Toda su obra se basa en un diálogo constante entre él y los autores que trabajaron los textos que estudia antes que él. Así, a veces retoma punto por punto los comentarios de

Averroes o de Maimónides sobre la *Metafísica* de Aristóteles para desglosarlos, aprobarlos o matizarlos. De esta manera, el pensamiento tomista, que resume el pensamiento cristiano de los autores que retoma Pedro Lombardo, como Agustín o Dionisio, el pensamiento judío de Maimónides y el musulmán de Averroes, reviste una forma de ecumenismo original.

LA RAZÓN COMO MEDIO PARA LLEGAR A DIOS

Al contrario de lo que opinan Averroes y sus discípulos latinos, Tomás de Aquino estima que la filosofía y la teología no son independientes, sino que guardan un vínculo estrecho. Aunque sitúa a la filosofía en el rango de «sierva de la teología», no es una relación de dominación: la teología no puede elaborarse sin la ayuda de la filosofía, puesto que estas dos disciplinas son interdependientes. Según Tomás, el verdadero fin (en el sentido de finalidad, de objetivo) del hombre es el conocimiento perfecto del objeto más perfecto de la manera más perfecta posible, es decir, el conocimiento intelectual de Dios. Sin embargo, el hombre no puede acceder directamente a este fin. No lo intuye, al contrario de lo que defienden los herederos de san Agustín o los teólogos franciscanos. Para Aquino, lo que le ha permitido comprender cuál era el fin último de la vida humana es, en primer lugar, la filosofía. Además, también es necesario ejercer nuestra razón, nuestro intelecto, en una palabra, filosofar, para construir una teología, un conocimiento de Dios. La Biblia, que es la encarnación de la palabra de Dios y, por lo tanto, una vía de acceso a su conocimiento, no se nos muestra accesible de primeras. Tenemos que ejercer nuestro intelecto, aprender, intentar entender todas nuestras lecturas, debatir con los diferentes lectores y comentadores para aproximarnos al máximo a la comprensión de esta palabra y de esta esencia divina. Igualmente, la naturaleza y el mundo que nos rodean atestiguan la esencia divina. Por lo tanto, su conocimiento y su comprensión, primero a través de los sentidos y, después, a través de un proceso racional y analítico de la información que nos proporcionan, es un medio para probar la existencia de Dios. Pero aunque la filosofía, vía de acceso a Dios, constituye un primer encuentro con una parte de la esencia divina, la compleción total y absoluta del conocimiento divino solo es posible si el hombre está preparado gracias a la revelación.

Así, fe y razón se complementan: la razón y el saber sirven a la fe al permitir que accedamos al conocimiento de la existencia de Dios, y este conocimiento se materializa gracias a la fe. De la misma manera, filosofía y teología se complementan: al estudiar las manifestaciones de Dios, la filosofía (y la ciencia) prueba su existencia, mientras que la teología es la promesa del conocimiento de la esencia divina tras la muerte. Así, Tomás de Aquino propone una suerte de armonía entre lo que la razón puede comprender y lo que la fe puede materializar.

También expone que el mismo ejercicio de la razón, y no solo el fruto de este ejercicio, es una manera de conocer a Dios. El hecho de poder pensar es una especie de destello divino que cada ser posee, es el Espíritu Santo quien insufla en cada intelecto el camino hacia la verdad. La razón humana es el reflejo de la inteligencia divina. Así, todo hombre es una imagen de Dios y, cuando piensa, participa en Dios.

De hecho, el ejercicio de la filosofía crítica responde a una preocupación temporal, que guarda relación en primer lugar con los dominicos. En efecto, como inquisidores, luchan contras las derivas heréticas que acaecen en el siglo XIII. Rechazan con firmeza cualquier forma de religiosidad basada en supersticiones, contra las que el saber es la mejor arma.

UNA TEORÍA INNOVADORA SOBRE EL ALMA

Al contrario de lo que consideraban Aristóteles, Averroes y Maimónides, que presentan el intelecto como un agente externo al alma humana, para Tomás de Aquino, el intelecto forma parte de ella: el alma es individual, personal e inmortal. Cada uno tiene su forma de pensar, de comprender y de entender el mundo, y no es un intelecto agente externo el que rige esta función. Cada hombre tiene un alma específica y la usa libremente.

Para Tomás, el alma de todo ser vivo se compone de dos partes. La parte vegetativa rige el crecimiento, la nutrición y la reproducción. Por otro lado, la parte sensitiva es responsable de la locomoción y de los sentidos. Además, el hombre dispone de algunas particularidades. Su alma es sensible a dos funciones suplementarias: una función cogitativa, que le permite tratar datos proporcionados por los sentidos, y una función que podríamos denominar «reminiscente», la de la memoria a través de las imágenes mentales. Ambas apelan a la inteligencia. Constituyen el intelecto pasivo. El hombre también destaca por una tercera parte del alma, la parte intelectiva, que solo él posee en el reino de los vivos. Esta le permite construir abstracciones gracias al ejercicio del razonamiento, la acción de un intelecto activo o agente. Este enfoque filosófico original del espíritu puede relacionarse con los conocimientos actuales sobre neurología.

Esta visión de un alma personal se acompaña de la noción de un libre arbitrio que permite que el hombre escoja entre responder a los deseos de Dios o huir de ellos. Tomás de Aquino elabora una teoría de la libertad compleja, puesto que reconoce a la vez una independencia de la voluntad y la posibilidad de una intervención divina en su orientación. Para el teólogo, una cosa está clara: el hombre es libre de adaptarse a las reglas de la vida social o de rechazarlas, lo que lleva a una reflexión política. Al igual que Aristóteles, Tomás de Aquino desea conocer todo lo que atañe a la humanidad a través de su pensamiento: dado que ese todo es obra de Dios, hay que comprender todos los efectos para conocer a Dios perfectamente.

UNA VISIÓN POLÍTICA ORIGINAL

Puesto que el hombre tiene la libertad para comportarse según sus intereses, la sociedad debe establecer como medida de protección una moral que se base en leyes que tengan como objetivo el bien común. Para aplicarlas, es necesario que exista una autoridad superior. Aunque la representación de Dios en la Tierra —la Iglesia católica— es la autoridad superior en materia de fe, Tomás de Aquino no reconoce su legitimidad como poder temporal. Defiende una autoridad personal —y en una sociedad medieval como la suya, su modelo es el soberano, el rey o el emperador—, pero esta autoridad personal debería ser representativa del pueblo. A través de la designación de representantes en una oligarquía o en una monarquía, el pueblo tiene que participar en su propio gobierno. Así, Tomás de Aquino define una especie de sistema democrático.

UNA MORAL DE LA FELICIDAD

Tomás de Aquino propone también una moral personal, tras haber presentado una especie de moral política. No se trata de una moral de la ley: así, el respeto de las leyes de buena conducta, dictadas por autoridades eclesiásticas, no brindará la salvación. En efecto, obedecer a ciegas sería opuesto al ejercicio de la razón, que es la base del libre arbitrio y de la distinción entre el bien y el mal. Al igual que Aristóteles, presenta una moral de la felicidad. La felicidad es la realización del bien, y para el hombre, reside en la satisfacción del deseo humano de conocer y de comprender. Por lo tanto, para los dos filósofos se puede acceder a esta felicidad durante la vida en la Tierra. Se oponen así a Agustín, por ejemplo, que cree que eso solo es realizable tras la muerte. Pero si para Aristóteles la satisfacción del deseo de conocer es suficiente para alcanzar la felicidad, para Tomás de Aquino, esta solo es perfecta si se conoce la esencia divina.

UN FINAL MÍSTICO

El 6 de diciembre de 1273, mientras Tomás de Aquino

participa en una misa dedicada a san Nicolás en la capilla epónima de Nápoles, tiene una revelación. Para unos, se trata de una visión divina, mientras que, para otros, es un derrame cerebral. Este acontecimiento transforma radicalmente al teólogo, que afirma haber visto a Cristo felicitándolo por su trabajo y preguntándole qué lo llenaría, a lo que habría respondido simplemente «Tú». Abandona todo trabajo de escritura súbitamente, dejando incompleta la *Summa teológica*. Ante las preguntas insistentes de su entorno, responde que ha comprendido la fatuidad de su obra, que no es más que «paja» en comparación con todo lo que le ha sido desvelado.

Mientras se dirige a casa de su hermana para descansar, se cae en varias ocasiones y se queda sumido en un mutismo casi absoluto. Su mirada ausente inquieta a su hermano, que intenta que retome sus trabajos de escritura. Tomás le anuncia entonces que ese tiempo se ha acabado, y que está esperando la muerte para alcanzar lo que le fue revelado ese seis de diciembre. Durante el camino hacia Lyon, adonde lo ha convocado el papa Gregorio X, para en el monasterio de Fossanova. Allí habría iniciado un comentario del «Cantar de los cantares», retomando antes de su muerte lo que había influido en toda su obra: el amor de Dios, de Cristo y de los hombres.

REPERCUSIONES

UN PENSAMIENTO POLÉMICO

En la época de Tomás de Aquino e incluso unas décadas después de su muerte, sus tesis serán objeto de debate y controversia entre sus detractores y también entre sus cofrades dominicos.

Primero será el obispo de París, Étienne Tempier (fallecido en 1279), quien condenará en 1270 trece artículos defendidos por los comentadores de Aristóteles. En 1277, esta condena se extiende a doscientos diecinueve artículos, que tratan tanto sobre milagros, como sobre causalidad directa o indirecta de Dios (¿Dios interviene directamente en los fenómenos o es sustituido por unos intermediarios?) o la eternidad del mundo. Aunque al principio serán los averroístas y, más en particular, Sigerio de Brabante quienes sufrirán este proceso, también lo vivirá, más en general, el aristotelismo y, por ende, aquellos que, como Tomás de Aquino, lo han estudiado y lo han transmitido. En efecto, Étienne Tempier y el colegio de teólogos al que reúne para estudiar las cuestiones debatidas en la Facultad de Artes de París proclaman un agustinismo auténtico, que el aristotelismo sacude. La posición de Tomás de Aquino sobre la unidad del alma y del cuerpo, sobre el cuerpo (y los sentidos) como participante en la obra del alma —y, por extensión, sobre la materialidad de la naturaleza que participa en la esencia divina— se tropieza con el rechazo propiamente agustino de las cosas de la materia. El obispo de Canterbury, Robert Kilwardby (1215-1279), a pesar de ser dominico como Tomás de Aquino, condena a su vez esta posición que une espíritu y materia. Pero las críticas virulentas no tienen mucho eco, y el sucesor de Étienne Tempier suspende rápidamente la condena de 1277, mientras que la enseñanza de las tesis averroístas y tomistas y de la filosofía aristotélica continúa en la universidad parisina.

No obstante, la controversia alcanza una mayor magnitud entre dominicos y franciscanos. En efecto, las dos órdenes mendicantes inician una justa teológica que continuará durante varias décadas. De Buenaventura de Fidanza (teólogo franciscano italiano, 1217/1221-1274) a sus discípulos cercanos al agustinismo también, de Juan Duns Scoto (teólogo franciscano inglés, 1266-1308) a Guillermo de Ockham (teólogo franciscano inglés, c. 1285-c. 1349), la teología franciscana refuta a la razón su autonomía y su capacidad para acceder a la verdad: sin la intervención divina, la razón no es nada.

Aunque Guillermo de Ockham, en la base de la corriente nominalista, rechaza la teoría platónica de los universales y se une, por el uso de la lógica y de la experiencia singular de los hechos, a un cierto enfoque aristotélico, también se opone radicalmente a Tomás de Aquino en lo que respecta al poder de la razón. Guillermo considera que esta solo puede comprender lo que la percepción pone ante sus ojos, y por lo tanto es incapaz de llevar al conocimiento de Dios. Pero la canonización de Tomás de Aquino en 1323 apacigua estas disputas filosóficas y teológicas.

Imagen de Guillermo de Ockham en la vidriera de una iglesia en Surrey, Reino Unido.

LOS UNIVERSALES

Lo que la filosofía platónica llama universales, y que podríamos simplificar con el término «ideas» o «pensamientos» expresados verbalmente, es una teoría de la expresión, del lenguaje, que representa lo que designamos. Para los realistas (Platón, Aristóteles y, en la Edad Media, Tomás de Aquino), lo sensible es relativo: un objeto o una cosa jamás son idénticos, pero por otra parte la idea del objeto es fija. Así, la idea de árbol es universal, mientras que los árboles son todos diferentes entre sí. El conocimiento universal del árbol y, por lo tanto, el hecho de escribir «árbol» precede a la experiencia de la singularidad del mismo, al igual que la cosa existe incluso cuando los sentidos no la han experimentado. Por consiguiente, el universo tiene sentido por sí mismo, y el hombre lo va descubriendo. Así, no es el hombre quien da sentido a lo que le rodea: solo lo descubre.

Para los nominalistas, que pertenecen a una corriente fundada por Guillermo de Ockham, las ideas surgen tras la experiencia de la cosa. Solo podremos designar un concepto (como el de árbol) si lo hemos experimentado. Sin experiencia, el «árbol» no es más que una palabra, un sonido, que no contiene ningún sentido particular.

Para acabar, para los conceptualistas —de los que forma parte Pedro Abelardo (filósofo y teólogo francés, 1079-1142)—, las palabras no se aplican obligatoriamente a cosas reales: podemos construir un concepto que no tiene traducción en la vida real, sino que solo tiene una existencia a través del lenguaje que le da vida.

LA REPERCUSIÓN DEL PENSAMIENTO TOMISTA

LAS VEINTICUATRO TESIS TOMISTAS Y LAS CINCO VÍAS

Las veinticuatro tesis tomistas son veinticuatro sentencias que resumen una parte del pensamiento de Tomás de Aquino, sobre el alma y la materia, la voluntad y la inteligencia, y la existencia de Dios. También se reconocen las cinco vías que permiten demostrar la existencia de Dios, conocer a Dios a través de la razón:

- el movimiento. Solo se puede generar cada movimiento a partir de un movimiento anterior, así que el primer movimiento solo puede venir de un movimiento inicial impulsado por Dios;
- la causalidad. Al igual que el movimiento depende de un movimiento inicial, y dado que los acontecimientos son el efecto de una causa, hace falta una causa inicial, que es Dios;
- la contingencia. Para que algo exista, es necesario que algo exista antes, y que le haya insuflado vida. Por lo tanto, la primera existencia solo puede ser Dios;
- la gradación. En la naturaleza, las cosas son más o menos perfectas, pero para que esta gradación tenga sentido, hace falta un referente. Ese referente es Dios, la perfección absoluta;
- el orden. La naturaleza se rige por un orden. Cada

ser vivo y cada parte de cada ser, así como todos los elementos de la naturaleza, tienen una función, una finalidad. Esta finalidad ha sido establecida por una inteligencia: la de Dios.

La canonización de Tomás de Aquino, pedida por la provincia dominica de Sicilia ya en 1317 y apoyada por el papa Juan XXII, es pronunciada por este último en Aviñón en 1323. Se levantan todas las condenas que se le habían aplicado y la enseñanza de las tesis tomistas vuelve a incluirse en la programación de las universidades. Pero es sobre todo gracias a Lutero (teólogo y reformador alemán, 1483-1546) que el nombre y la difusión de las obras de Tomás de Aquino conocen un auge particular. Frente a la amenaza que representa la Reforma, el papa Pablo III (1468-1549) convoca en la ciudad de Trento un concilio que empieza en diciembre de 1545. El Concilio de Trento, que se reúne de forma regular durante dieciocho años, tiene por objetivo arrojar luz, reformar y establecer la doctrina católica, de la que precisamente los textos de Tomás de Aquino forman parte.

En 1567, es nombrado doctor de la Iglesia, y su *Summa teológica* sustituye rápidamente las *Sentencias* de Pedro Lombardo en las facultades de artes. Sus argumentos también serán los empleados por los reformadores católicos, entre ellos, la recién creada Compañía de Jesús, de Ignacio de Loyola (cura católico español, 1491-1556), para contrarrestar a los reformadores protestantes.

En 1879, el papa León XIII (1810-1903) confirma el lugar de santo Tomás de Aquino en la enseñanza teológica católica, primero a través de la encíclica *Aeterni Patris*, en la que pide a los filósofos y a los teólogos cristianos que construyan una doctrina basada en el tomismo. Corrobora este deseo a través del apoyo que manifiesta para la creación del Colegio de los editores de las obras de santo Tomás de Aquino, apodado Comisión Leonina como homenaje al soberano pontífice. Los miembros que componen esta comisión fundada en 1879 tienen una tarea: releer los manuscritos y publicar una versión de ellos que sea lo más fidedigna posible con respecto a los originales. Actualmente está todavía en activo, y está gestionada por la orden de los Hermanos Predicadores.

A principios del siglo XX, mientras que la Iglesia católica se enfrenta a una nueva crisis doctrinal frente a la aparición del modernismo (relativismo y toma de distancia con los textos y las doctrinas de la Iglesia), el papa Pío X (1835-1914) sitúa la filosofía escolástica y las veinticuatro tesis tomistas en la base de la enseñanza teológica católica. En 1950, Pío XII (1876-1958) reafirma, en la encíclica (carta enviada por el papa a los obispos del mundo entero) *Humani Generis*, que la filosofía tomista es «la guía más segura de la fe católica». Tras ver cómo se tambalea esta certeza en varias ocasiones, el Concilio Vaticano II (1962-1965) y, más adelante, los papas Juan Pablo II (1920-2005) y Benedicto XVI (nacido en 1927) confirman la posición central de santo Tomás de Aquino en la doctrina católica.

COMO CONCLUSIÓN

En esta presentación resumida y esencialmente filosófica de la inmensa obra de Tomás de Aquino no tratamos toda su reflexión en torno a la iluminación, la gracia, el hombre como imagen de Dios, los ángeles, su lectura de los Evangelios, la importancia del amor, en particular. Tal y como decía Tomás de Aquino: «de Dios no sabemos lo que es, pero sí lo que no es»[1]; de Tomás de Aquino, todo lo que sabemos aquí nos muestra todo lo que todavía no sabemos de él. Es una invitación para que nos ejercitemos y saciemos nuestro deseo de conocimientos, al igual que él.

---

1. Cita traducida por 50Minutos.es

EN RESUMEN

- En el siglo XII, las traducciones árabes de los filósofos griegos, entre ellos, Aristóteles, llegan a Occidente, alterando el pensamiento filosófico y teológico que hasta entonces se basaba en los textos de Platón y de los neo-platónicos, entre ellos san Agustín.
- Durante la primera mitad del siglo XIII, nacen las primeras universidades, pero también las órdenes mendicantes: en 1216, Domingo Guzmán funda la orden de los Hermanos Predicadores (dominicos).
- En 1225, nace Tomás de Aquino en Roccasecca.
- Tras realizar estudios en el convento de Montecasino, Tomás de Aquino entra en la orden de los Hermanos Predicadores. Cuando sigue a Jordán de Sajonia hacia Colonia, es secuestrado por su madre, que se niega a aceptar el camino que su hijo está iniciando.
- Tras un año recluido, que no altera ni un ápice su deseo de seguir a los dominicos, continúa su formación en París y, más tarde, en Colonia, bajo la dirección de Alberto Magno, que lo inicia en la filosofía aristotélica.
- Se convierte en doctor en teología y desarrolla un pensa-miento que une cristianismo y aristotelismo, fe y razón, para contrarrestar las tesis pseudoaverroístas de Sigerio de Brabante y de sus discípulos.
- Tras haber sido el centro de numerosas polémicas, Tomás de Aquino es canonizado el 18 de julio de 1323 por el papa Juan XXII y es nombrado doctor de la Iglesia en 1567.
- En 1914, Pío X sitúa las veinticuatro tesis tomistas y las cinco vías de conocimiento de Dios en el centro de la

enseñanza teológica católica.

- Muchos papas, incluidos Juan Pablo II y Benedicto XVI, corroboran a lo largo de los siglos XIX y XX el lugar fundamental de la obra de Tomás de Aquino en la teología católica.

PARA IR MÁS ALLÁ

FUENTES BIBLIOGRÁFICAS

- Attali, Jacques. 2004. *Raison et foi: Averroès, Maïmonide, Thomas d'Aquin*. París: Éditions de la Bibliothèque nationale de France.
- Burlot, Joseph. 1990. *La civilisation islamique*. París: Hachette.
- Chelini, Jean. 1991. *Histoire religieuse de l'Occident médiéval*. París: Hachette.
- Humbrecht, Thierry-Dominique. 2006. *Théologie négative et noms divins chez saint Thomas d'Aquin*. París: Vrin.
- Imbach, Ruedi y Adriano Oliva. 2009. *La philosophie de Thomas d'Aquin*. París: Vrin.
- Lancel, S. 2012. "Augustin (saint)". *Encyclopédie berbère*. 1 de diciembre. Consultado el 15 de diciembre de 2016. http://encyclopedieberbere.revues.org/1222
- Le Goff, Jacques. 2012. *Hommes et femmes du Moyen Âge*. París: Flammarion.
- Piché, David. 1999. *La condamnation parisienne de 1277*. París: Vrin.
- Pouliot, François. 2005. *La doctrine du miracle chez Thomas d'Aquin. Deus in omnibus intime operatur*. París: Vrin.

FUENTES COMPLEMENTARIAS

- Boyer, Jean-Paul. 2004. "Reges sunt vassali Ecclesie". *Rives nord-méditerranéennes*, n.° 19.

- Caballe, Antoine. 2004. *Bible et éducation, une autre pédagogie*. Tesis de doctorado en ciencias de la educación. Lyon: Université Lyon 2.
- Celeyrette, Jean. "La critique de l'*esse intentionale* par Guillaume d'Ockham". *Methodos*, n.° 2014.
- Lindsay, James. 1904. "La philosophie de saint Thomas". *Revue néo-scolastique*. Año 11, n.° 41.
- Schneider, Jakob Hans Joseph. 2003. "L'unité de la raison humaine selon Thomas d'Aquin et Al-Farabi". *Le Portique*, n.° 12.
- "Vie de saint Dominique de Guzman". *Ordre des Prêcheurs*. Canada. Consultado el 15 de diciembre de 2016. http://www.dominicains.ca/famille/vie_dominique.html

FUENTES ICONOGRÁFICAS

- Retrato de santo Tomás de Aquino. La imagen reproducida está libre de derechos.
- Retrato de Alberto Magno. La imagen reproducida está libre de derechos.
- Emblema de la Orden de los Dominicos. La imagen reproducida está libre de derechos.
- La Sorbona en 1550. La imagen reproducida está libre de derechos.
- Retrato de san Agustín por Philippe de Champaigne. La imagen reproducida está libre de derechos.
- *Summa teológica* de Aquino. La imagen reproducida está libre de derechos.
- Imagen de Guillermo de Ockham en la vidriera de una iglesia en Surrey, Reino Unido. La imagen reproducida

está libre de derechos.

LITERATURA

- Alighieri, Dante. Entre 1305 y 1320. *La divina comedia.*
- Eco, Umberto. 1982. *El nombre de la rosa.*

DOCUMENTALES

- "Retour vers le Moyen Âge, Thomas d'Aquin". *Les nouveaux chemins de la connaissance.* Dirigido por Adèle van Reeth. Francia, 2013.
- "Thomas d'Aquin". *La foi prise au mot.* Francia, 2009.

ICONOGRAFÍA

- *Demidoff.* Políptico sobre madera de Carlo Crivelli (pintor italiano, *c.* 1430/1435-*c.* 1493/1500), 1416. Conservado en el National Gallery, Londres.
- *La virgen y el niño con santo Domingo y santo Tomás de Aquino.* Fra Angelico (pintor italiano, 1400-1455), *c.* 1440. Museo del Hermitage, San Petersburgo.
- *El triunfo de santo Tomás de Aquino.* Cuadro de Gozzoli Benozzo (pintor italiano, 1420-1497), 1471. Conservado en el museo del Louvre, París.
- *Santo Tomás de Aquino y la Summa.* Fresco de Fra Angelico, *c.* 1442. Conservado en el convento de San Marco, Florencia.

¡APRENDER
NUNCA ANTES FUE
TAN RÁPIDO!

www.en50minutos.es

Made in the USA
Monee, IL
07 July 2026